AF242495

HISTOIRE DE NOTRE-DAME-DE-PAIX

De Fieulaine, près St-Quentin, Aisne

Cette Histoire se trouve chez M. le Curé de Fieulaine,
et chez M. Jules Duployé, marchand d'Objets de pèlerinage,
Maison Saint-Joseph, à Notre-Dame-de-Liesse.

1867

OUVRAGES

COMPOSÉS

Par les Frères DUPLOYÉ.

Histoire de Notre-Dame-de-Liesse, louée et recommandée par S. E. le cardinal archevêque de Besançon, par LL. GG. NN. SS. les Evêques de Soissons et Beauvais, par plusieurs journaux et revues, etc., etc.

2 beaux volumes in-8°, sur papier de luxe. .	13fr.	»
2 id. id. sur beau papier . .	11	»
1 volume in-12	1	50
1 volume in-18	0	15
Guide du Pèlerin de Notre-Dame-de-Liesse.	0	15
Manuel du pieux Pèlerin de N.-D.-de-Liesse.	0	15
Miracles de Notre-Dame-de-Liesse	0	15
Histoire de N.-D.-de-Paix, de Fieulaine. .	0	15

Sténographie Duployé, ou l'art de suivre avec l'écriture la parole la plus rapide, appris sans maître, en quelques heures, 1 vol. in-8°. (4e édition) 3 »

Abrégé de la Sténographie Duployé, 1 vol. in-8°. 0 50

Prosodie latine, en quatre tableaux synoptiques 0 10

Tous les livres qui ont rapport aux Pèlerinages, sont illustrés de belles et nombreuses gravures.

Pour recevoir ces ouvrages *franco, par la poste,* il suffit d'en adresser le prix en mandat ou timbres-poste, à M. Jules DUPLOYÉ, *Maison Saint-Joseph,* à *N.-D.-de-Liesse* (Aisne).

Chez M. Jules DUPLOYÉ,

Maison Saint-Joseph, à Notre-Dame-de-Liesse (Aisne),

ON TROUVE UN MAGNIFIQUE ASSORTIMENT

De Bijouterie, Orfèvrerie, Livres d'église et de récompense, Objets de piété, Christs, Médailles, Chapelets, Images, Statues, Statuettes, Vases de fleurs, Fleurs artificielles, Couronnes mortuaires, Bagues, Photographies, Articles spéciaux à MM. les Ecclésiastiques, Barettes, Ceintures, Rabats, Pains d'autel, etc., etc. — Articles de bureau, de toilette, de fantaisie, etc., etc.

HISTOIRE DE N.-D.-DE-PAIX.

Le Dimanche 20 Avril 1659, quelques habitants de Fieulaine employaient, au jeu de quilles, leurs loisirs après les offices de l'église. Une grosse racine d'arbre empêchant leur jeu, ils s'efforcent de l'arracher en creusant la terre. Quel n'est pas leur étonnement! sous le tronc desséché d'un tilleul deux fois séculaire, ils trouvent, environnée de racines qui la protègent et posée sur trois grès, une Statue de la Vierge tenant l'Enfant-Jésus étendu sur ses bras, et à ses pieds, deux petites têtes portant des couronnes de rois.

On accourt, on se presse; chacun veut saluer la sainte Image et lui présenter ses vœux. On écoute le récit d'un bon vieillard « qui pense autrefois avoir ouï-dire à son grand père, qu'il y avait eu en ces quartiers un pèlerinage de grande dévotion (1); ce qui pourrait faire penser que cette Image avait été cachée sous terre, au temps de quelque persécution de l'Eglise. » ou pendant les guerres continuelles qui ont désolé ces contrées.

Cette scène se passait le dimanche de Quasimodo, jour dans lequel l'Eglise redit par trois fois, à l'Évangile, ces paroles de N. S. : Pax Vobis, que la paix soit avec vous, et au moment où se négociait entre la France et l'Espagne une paix

(1) Probablement à Fontaine-Notre-Dame village que son nom, la tradition et quelques auteurs désignent comme le lieu d'un ancien pèlerinage.

longtemps désirée (1) ; aussi les peuples accueillirent la Statue et les deux têtes couronnées, qui semblaient représenter les royaumes de France et d'Espagne, comme un signe de paix, et donnèrent à la Vierge le titre auguste de N.-D.-de-Paix.

Il y avait près de là, un orme antique, dont le tronc creusé par les ans s'ouvrait en forme de reposoir. D'une voix unanime, les habitants le désignent comme la demeure provisoire de la Vierge. On l'embellit à la hâte, et l'on y plaça, avec grand respect, la Statue et les deux têtes couronnées.

Sur le soir, une femme de Fieulaine, Marie Lecompte, à genoux près de l'arbre où reposait la Vierge, la voit par trois fois environnée de rayons lumineux qui tour à tour se montrent et disparaissent ; les mêmes lumières brillent de nouveau le mardi, le jeudi, et le samedi suivants. Cette merveille et la guérison miraculeuse obtenue, quelques jours après, par une personne de Fieulaine, remplirent d'admiration les pays d'alentour et donnèrent grande confiance en N.-D.-de-Paix.

Le miracle est ainsi raconté par Charles Bourdin, grand-vicaire de Monseigneur l'Evêque de Noyon, chargé des informations :

« Madeleine Lefranc, âgée de 30 ans environ, fille de Jean Lefranc, laboureur demeurant à Fieulaine, tomba dans une maladie à l'âge de dix-huit ans.

Cette maladie commença par une humeur, comme une espèce de goutte, qui courait par tout son corps avec des douleurs insupportables, qui la mettaient dans l'impuissance de se remuer sans l'aide d'autrui ; elle fut contrainte de demeurer

---

(1) Elle fut signée le 7 novembre 1659, après 25 années de guerre entre Louis XIV et Philippe IV, et s'appela la Paix des Pyrénées.

au lit en cet état l'espace de 18 mois, pendant
lesquels elle devint enflée par tout le corps, mais
particulièrement à la tête, qu'elle avait presque
sans forme, ni figure de visage. Cette enflure lui
causa une corruption dans la bouche et dans la
gorge, telle que l'on fut contraint de lui faire tirer
par un chirurgien la luette par pièces, tout pour-
rie et gâtée. Après dix-huit mois, l'enflure se dis-
sipa, mais l'humeur descendit sur les cuisses et
sur les jambes, jusqu'aux extrémités des pieds.
Elle n'avait aucune place en son corps, depuis les
reins en bas, qui ne fut pleine de pourriture et
d'ulcères, en quelques-uns desquels on pouvait
mettre le pouce. Madeleine souffrait avec cela des
douleurs qui ne lui laissaient aucun repos ni jour
ni nuit, et quand quelquefois (ce qui était très-
rare) elle avait un peu de relâche, elle se traînait
sur les genoux jusqu'à l'église, et restait tellement
courbée, que le curé de la paroisse, qui a donné
sa déposition, a déclaré qu'il ne lui pouvait donner la Sainte-Communion qu'avec grand'peine.
Cet état de maladie a persévéré dix ans et plus,
sans qu'elle ait reçu aucun soulagement par les
remèdes de la médecine. L'Image de la Sainte-
Vierge ayant été trouvée le 20 Avril 1659, cette
Madeleine Lefranc fut la première qui y fit sa
neuvaine. Elle se confesse, reçoit la sainte-communion, et fait dire la messe en l'honneur de la
Sainte-Vierge. Dès le premier jour de sa neuvaine,
elle ressentit du soulagement, et de jour à autre
de plus en plus, et à la fin de la neuvaine elle
se trouva entièrement guérie, en sorte qu'il ne lui
restait que les cicatrices de ses plaies. Ce qui a
été vérifié par les informations qui en ont été faites
les 24 Mai et 28 Août 1659. »

La Reine de Paix répandit bien vite ses faveurs
au-delà des limites de la paroisse. « Quelques
autres malades ayant été pareillement guéris, dit

un auteur témoin des faits qu'il rapporte, on vit en moins d'un mois les pèlerins venir en foule de lieux même fort éloignés, quelquefois au nombre de cinq à six mille personnes. »

Monseigneur de Baradat accourut un des premiers rendre ses hommages à Notre-Dame-de-Paix. (1660). « Nous fumes surpris d'admiration, dit-il, de voir une multitude innombrable de personnes de tous âges, sexes et qualités, aborder de toutes parts audit lieu de Fieulaine, pour obtenir par l'entremise de cette Reine de Paix, les grâces qui leur étaient nécessaires ; et en effet, nous avons reconnu par les certificats, informations et procès-verbaux, qui nous ont été représentés que grand nombre de malades, travaillés de longues et fâcheuses infirmités, et autres personnes pour divers besoins, ont été, les uns notablement soulagés, les autres, parfaitement guéris ; les autres ont obtenu lignée et semblables faveurs du Ciel, en suite de leurs vœux et prières devant l'Image de Notre-Dame-de-Paix, audit lieu de Fieulaine. »

Une petite chapelle s'éleva bientôt (1660), à l'endroit où la Statue avait été trouvée ; la générosité des fidèles en fit les frais. L'Image y fut transférée en présence d'une foule incroyable de peuple, que la dévotion avait attirée à cette cérémonie; mais, cet oratoire ne pouvant recevoir le grand nombre de pèlerins qui s'y rendaient de toutes parts, Monseigneur l'Evêque ordonna de « construire au plus tôt que faire se pourra une autre chapelle plus spacieuse de pierres et de briques, au plus près du lieu où l'Image a été trouvée. » Il ne reste de cet ancien édifice que quelques débris. Une souscription est ouverte pour élever sur ces ruines un monument en l'honneur de la Sainte-Vierge. Les offrandes sont reçues chez M. le Curé de Fieulaine.

Fieulaine plus favorisé que tant d'autres pèlerinages posséde la Statue primitive; elle fut providentiellement soustraite, par Catherine Vasseur, de Fieulaine (1), aux fureurs de la révolution. La pauvre chaumière de cette pieuse fille l'abrita sous son toit, aux jours néfastes de 1793, comme le vieux tilleul l'avait couverte de son ombre discrète pendant les troubles de la guerre ; et quand le 14 octobre 1804. M. Pierre Fortier, curé archidiacre de Saint-Quentin vint à Fieulaine pour reconnaître officiellement l'identité de la Statue, il constata qu'elle était entièrement semblable à la description qu'en ont faite, il y a plus de deux siècles Charles Bourdin et un R. P. capucin de la ville de Saint-Quentin.

Aujourd'hui les peuples vénèrent la Sainte-Image dans l'église paroissiale que l'on vient de reconstruire (1862) et placer sous son patronage. Chaque jour, quelque pieux voyageur implore la paix au pied de son autel ; chaque année, des milliers de pèlerins l'entourent à la procession qui se fait à Fieulaine, le dimanche de Quasimodo; et se pressent dans l'Eglise à la messe solennelle le lundi de la Pentecôte. Un grand nombre d'enfants apportés sur les bras de leur mère, reçoivent à Fieulaine l'Evangile de la Paix. Fidèles aux traditions de leurs ancêtres, ils formeront, le lendemain de leur première communion, les rangs de ces processions si nombreuses que N.-D. de Paix voit, chaque année, se presser dans son sanctuaire; ils viendront renouveler leur consécration à la Vierge, et demander la paix du cœur, au milieu des combats de la vie.

(1) Cette personne mourut à Fieulaine le 30 Juillet 1816, âgée de 63 ans. Elle aurait donné sa vie plutôt que de livrer la Vierge, nous a dit un de ses parents qu'elle avait élevé. Nobles sentiments que partagent les habitants de Fieulaine et dont ils donneraient des preuves, si quelque danger menaçait leur patronne bien-aimée.

MIRACLES OPÉRÉS PAR N.-D.-DE-PAIX.

Notre-Dame-de-Paix se plaît à récompenser la pieuse confiance des fidèles, par d'éclatantes faveurs, soit qu'elle leur donne la paix du cœur, soit qu'elle leur accorde la santé du corps. Plusieurs guérisons miraculeuses ont été juridiquement constatées, par l'autorité ecclésiastique. Mgr François de Clermont, en 1602, avant de permettre la publication de l'Histoire et des miracles de N.-D.-de-Paix, voulut examiner par lui-même, les preuves sur lesquelles elle s'appuyait. « Conformément à notre charge, dit-il, n'ayant pas voulu nous contenter seulement des informations faites du temps de feu Mgr mon prédécesseur, d'heureuse et sainte mémoire, touchant ce qui s'était passé de plus remarquable, dans l'invention d'une Image de la Sainte-Vierge, dite N.-D.-de-Paix, au village de Fieulaine, de notre diocèse, nous avons, nous-même, de rechef examiné et fait examiner les procès-verbaux en notre présence : ce qui nous porte à permettre l'impression et la publication d'un livre intitulé : *Histoire de Notre-Dame-de-Paix.* » Cette histoire, écrite par Charles BOURDIN, prêtre-chanoine, archidiacre de l'église cathédrale de Noyon et vicaire général, parut au temps même de la découverte de la Statue, et sous les yeux des personnes qui avaient éprouvé ou admiré les effets merveilleux de la

puissance de la Vierge, ce qui donne à son récit
un caractère d'authenticité, que l'on ne peut ra-
sonnablement rejeter (1). Commis par Monseigneur
à l'examen des faits extraordinaires qui se pas-
saient à Fieulaine, cet auteur « grave et pieux »
se rendit dans la paroisse, et « également éloigné
de la superstition qui croit tout et de l'impiété
qui ne croit rien, il fit supprimer par sentence du
lieutenant civil de Paris, certains imprimés de
miracles imaginaires que l'on y débitait sous le
nom de N.-D.-de-Paix, » en omit d'autres, « parce
que l'on a trouvé quelque chose à désirer en la
preuve, » en adopta quelquesuns, « après une exacte
discussion faite en présence de Messeigneurs les
évêques de Noyon et des plus vénérables et savants
ecclésiastiques de leur diocèse. »

Nous donnons une copie fidèle de ces miracles
ainsi constatés juridiquement. Nous avons seulement modifié quelques expressions et tournures
de phrases peu intelligibles pour la plupart des
lecteurs de notre temps.

---

*Guérison miraculeuse d'une femme, qui a été estro-
piée du bras droit, à la suite d'une saignée, l'espace de 12 ans.*

Marguerite *Caillet*, veuve de Remy *Roger*, demeurant dans la paroisse de Mons-en-Cauchye, du
doyenné d'Athye, au diocèse de Noyon, âgée de 48 ans,
avait été estropiée du bras droit, par une saignée, en
l'année 1647. Elle ne pouvait s'aider de son bras, contrainte de le tenir toujours serré contre sa poitrine, sans

(1) En 1660, un R. P. capucin de Saint-Quentin avait
composé un ouvrage intitulé : *le Saint Pèlerinage de N.-D.-
de-Paix, à Fieulaine.* Il reste aussi de cette époque une
ancienne médaille de N.-D.-de-Paix. Elle montre, d'un
côté, la Statue et les deux têtes couronnées ; de l'autre, un
ostensoir, moyen-âge.

le pouvoir étendre, hausser ni baisser, et est demeurée
en cet état jusqu'au 25 mai 1659. Alors ladite Caillet,
ayant ouï dire qu'il se faisait plusieurs miracles à Fieulaine, devant une Image nouvellement trouvée, fit des-
sein d'y aller, pour obtenir de Dieu, par l'intercession
de sa Sainte Mère, la guérison de son bras. Après s'être
confessée et avoir communié en sa paroisse, elle s'ache-
mina vers Fieulaine, avec quinze personnes du même
lieu, qui toutes allaient en pèlerinage à N.-D.-de-Paix.
Marguerite Caillet étant arrivée, faisait ses prières devant l'Image de N.-D.-de-Paix. Tout à coup, elle ressentit comme une piqûre au même bras et au même
endroit où elle avait été blessée, et portant sa main au
front, elle fit le signe de la Croix, ce qu'elle n'avait pu
faire depuis douze mois. Elle commença dès lors à s'aider de son bras, aussi aisément qu'elle faisait de l'autre,
et comme si jamais elle n'y eût eu de mal, au grand
étonnement de tous ceux de la paroisse de Mons-en-
Cauchye, où elle a toujours vécu en réputation de piété.
A présent cette femme continue à s'aider de son bras
avec la même facilité, et fait même les plus difficiles
ouvrages de la campagne. Cette guérison a été reconnue
miraculeuse, par le rapport des médecins et chirurgiens, et vérifiée par les informations qui en ont été
faites les 28 juin et 17 août 1659.

Guérison miraculeuse d'une femme travaillée
d'une fièvre étique.

Marie *Pileu*, femme de *Romain de l'Air*, âgée de
30 ans ou environ, demeurant en la paroisse de Berleu,
près la ville de Péronne, au diocèse de Noyon, était
travaillée d'une fièvre étique. Elle demeura trois mois
en cet état, si faible et atténuée, qu'elle ne pouvait plus
se soutenir, ni se remuer. Ayant appris du curé de la
paroisse, qui est doyen rural du doyenné de Péronne,
qu'il se faisait plusieurs guérisons miraculeuses à Fieulaine, devant l'Image nouvellement trouvée de Notre-
Dame-de-Paix; elle se voua à la Sainte-Vierge, par le
conseil de son curé, avec promesse d'y faire une neuvaine. Le même jour, elle y envoya Charles Tatte, demeurant à Flocourt, paroisse voisine de Berleu. Il y fit
la neuvaine qui devait se terminer à la Pentecôte 1659,

et le jour de cette fête, qui était le dernier de la neuvaine, elle se trouva tout à coup délivrée de sa fièvre
et fortifiée, de sorte qu'elle alla d'elle-même et sans secours à la Sainte Messe dans l'église, où elle assista à
tous les offices de la journée. Depuis, elle est venue
rendre grâces à Dieu et à la Sainte-Vierge, en la chapelle de N.-D.-de-Paix. Cette guérison a été vérifiée
par l'information qui en a été faite le 25 mai 1660.

*Guérison miraculeuse d'une femme qui avait été
boiteuse et impotente de la jambe droite, l'espace
de quatorze ans.*

Simone *Lemaire*, âgée de 44 ans, femme de Jean
Parmentier, demeurant en la paroisse de Gannes, du
doyenné de Breteuil, diocèse de Beauvais, était deve-
nue boiteuse et impotente de la jambe droite. Cet état
dura l'espace de quatorze ans, avec des douleurs très-
sensibles, qui la faisaient souffrir depuis le genou jusqu'à la hanche. N'ayant reçu aucun soulagement des
remèdes ordinaires de la médecine, elle fit vœu d'aller
à Notre-Dame-de-Paix faire ses dévotions, dans l'intention d'obtenir de Dieu la santé, par l'intercession de
sa Sainte Mère. Aussitôt le vœu fait, elle se sentit parfaitement guérie, marchant avec autant de facilité que
si elle n'avait jamais eu aucune incommodité aupara-
vant. Ce qui est notoire en toute la paroisse, et a été
avéré par le procès-verbal qui en a été fait le 29 juin 1659.

*Guérison miraculeuse d'une fille travaillée
d'une maladie caduque.*

Jeanne *Macquet*, âgée de 28 ans, de la paroisse de
Hudilcourt, près de Rethel, diocèse de Reims, était
travaillée, depuis son enfance, d'une maladie caduque,
dans laquelle elle tombait très-souvent avec des cris,
contorsions et convulsions. Lorsque son mal la tenait,
elle se débattait l'espace d'une demi-heure, avec grande
violence, ce qui lui causait une extrême débilité de
corps et affaiblissement d'esprit. Ces crises lui sont très-
fréquemment arrivées les dimanches et fêtes dans l'é-
glise, pendant le service divin, en présence des habi-

tants de la paroisse. Jeanne Macquet, n'avait été soulagée de son mal par aucun des remèdes que l'on y avait pu employer. Ayant appris que plusieurs personnes avaient été guéries de pareil mal en faisant leurs prières devant l'Image de Notre-Dame-de-Paix, à Fieulaine, elle prit la résolution d'y aller faire ses dévotions pendant une neuvaine, avec confiance qu'elle serait délivrée de son mal, par l'intercession de la Très-Sainte Mère de Dieu. Elle commença sa neuvaine, le 12 septembre 1659, et le 14 qui était le jour de l'Exaltation de la Sainte-Croix, elle tomba encore jusqu'à sept fois de son mal. Depuis, elle n'en a ressenti aucune atteinte, et se porte aussi bien, de corps et d'esprit, que si jamais elle n'avait été malade. Ceci est justifié par les informations des 3 juillet 1660 et 1er juin 1661.

Guérison miraculeuse d'une demoiselle affligée d'une tumeur sur un pied, l'espace de six ans.

Catherine *Vatelet*, fille de Pierre *Vatelet*, sieur de *Beaulieu*, lieutenant-criminel au siége royal de Ribemont, et de Luce de Loüen, sa femme, était affligée, depuis six ans, d'une fluxion sur un pied avec une tumeur extraordinaire au-dessus. Des sérosités en sortaient continuellement avec douleurs, et, lorsque le pied était fort enflé, se dégorgeaient des matières en abondance. Le sieur Vatelet avait employé sans résultat plusieurs remèdes sur l'avis des plus habiles médecins et chirurgiens de la province, qui déclarèrent que la cure de ce mal serait longue et difficile, qu'il y avait altération en l'os, et qu'il fallait nécessairement qu'il en sortît des esquilles : ledit sieur Vatelet et sa femme jugèrent par là qu'il fallait avoir recours au Divin et Souverain Médecin. Pour obtenir la guérison de leur fille par l'intercession de la Mère de Miséricorde, ils firent quatre voyages à N.-D.-de-Paix, et y menèrent leur fille. Au quatrième voyage, ils appliquèrent sur le pied de la malade un linge qui avait touché l'Image, aussitôt elle se trouva entièrement guérie et son pied en sa forme naturelle et ordinaire pareil à l'autre, sans aucune éjection de matière et sans qu'il soit sorti aucune esquille. De cette guérison a été fait information le dernier décembre 1661.

*Autre guérison miraculeuse d'un jeune garçon
affligé d'un mal caduc.*

Jacques *Polleux*, fils de Michel *Polleux*, maître
cordonnier en la ville de Guise, et de Louise *Leblond*,
fut affligé, dès l'âge de six ans, jusqu'à environ quinze
ans, d'un mal caduc, qui le prenait à certains jours de
toutes les lunes sans manquer, et pendant le temps de
sa maladie qui a duré neuf ans, il tombait quinze et
vingt fois comme mort, chaque fois que son mal le
prenait ; quelquefois au milieu de ses crises, il se tenait
tout droit avec des forces extraordinaires, puis retom-
bait, et pendant les sept ou huit jours suivants, il de-
meurait fort faible de corps et d'esprit, sans appétit, et
avait grand peine à se refaire Louise Leblond, sa mère,
le voyant un jour vers l'époque de la St-Dénis de l'an
1660, extraordinairement tourmenté de son mal, se
prosternant à genoux près de son fils, promit à Dieu
de faire le voyage de N.-D.-de-Paix, à pieds nus, s'il lui
plaisait de délivrer son enfant d'une si fâcheuse maladie. Depuis ce vœu fait, il y a seize mois, Jacques Polleux n'a point été travaillé de son mal et se porte parfaitement bien de corps et d'esprit, et le 19 juin 1661,
Louise Polleux avec son fils, a été à N.-D.-de Paix pour
s'acquitter de son vœu et rendre grâces à Dieu et à la
sainte Vierge de sa guérison : de laquelle a été fait
information le 10 Décembre 1661. Le présent extrait
en a été tiré.

---

*Un jeune homme affligé d'un apostume sur le genou,
en est miraculeusement guéri, par l'application
d'un emplâtre fait de la terre où a été trouvée
l'Image de N.-D.-de-Paix.*

Antoine *Mutan*, fils de défunt Nicolas *Mutan*, orfé-
vre en la ville de Guise, et d'Antoinette *du Plessis*,
étant incommodé d'une fluxion ou apostume au genou
gauche, fut mis entre les mains des médecins et chirurgiens. Ils lui firent une incision au genou, se servirent
de plusieurs remèdes et firent diverses opérations, sans
aucun effet ; le malade ressentait continuellement de
très-violentes douleurs, qui ne lui permettaient pas de
marcher sans potence. Enfin, ils jugèrent nécessaire de
faire une seconde ouverture au genou pour scarifier

l'os, qu'ils croyaient altéré et corrompu, et qu'ils disaient
devoir tomber en esquilles. Antoine Mutan et sa mère
ne s'y pouvant résoudre, il demeura encore sept mois
ou environ en cet état, sans autre remède que quelques emplâtres, que l'on appliquait de temps en temps
sur la partie affligée, sans soulagement pour le malade.
Le mal était toujours le même, sinon qu'il se formait
quelquefois des croûtes sur le genou, qui étaient enle-
vées par l'abondance des matières qui en sortaient. La
mère affligée de la longue maladie de son fils, et ne sachant plus quel remède y apporter, se ressouvint qu'elle avait de la terre du lieu où avait été trouvée l'Image
de N.-D.-de-Paix, qu'elle avait rapportée en revenant
d'y faire ses dévotions. Elle s'avise d'en faire un cata-
plasme sur le genou de son fils, avec confiance que la
Sainte Vierge lui serait favorable, et ayant appliqué cet
emplâtre sur le mal et enveloppé le genou, elle prie la
Mère de Dieu d'obtenir de son fils la guérison du sien.
Deux jours après ladite Du Plessis lève l'emplâtre, et
trouve le genou de son fils parfaitement guéri, sans
douleur, sans plaie, sans croûtes, sans matières et
sans aucune éjection d'os, ni d'esquille. Dès lors, Jacques Mutan commença à marcher droit et librement,
comme il fait encore maintenant. Antoine Mutan et
Nicolas Mutan son père, pour lors encore vivant, sont
venus à N.-D.-de-Paix rendre leurs actions de grâces
à Dieu et à sa sainte Mère de sa guérison. Le 10 Décembre de l'année 1661, a été faite l'information, de laquelle cet extrait a été tiré

*Guérison miraculeuse d'une femme qui avait une
fluxion sur la main.*

Madeleine *Téron*, veuve de Daniel *Lepage*, laboureur, demeurant au faubourg de Guise, âgée de 45 ans,
était malade d'une fluxion qui lui tombait sur la main
droite, avec grande inflammation. Cette tumeur la
mettait dans l'impossibilité de lever son bras plus haut
que la poitrine, elle ne pouvait même le remuer qu'avec
peine et douleur. Ayant vainement éprouvé les remèdes
qu'on lui donnait, sans en avoir reçu aucun soulagement, elle se résolut d'aller faire ses dévotions à Notre-
Dame-de-Paix, pour obtenir de Dieu la guérison de
son mal, par l'intercession de la Sainte-Vierge. Elle s'y

dispose par la confession de ses péchés, et par la sainte communion qu'elle fait en sa paroisse avant que de partir, et le 3 mai 1659, ladite Téron étant venue à Fieulaine et faisant ses prières devant l'Image, sentit un frémissement dans sa main. En même temps la malade se trouva entièrement guérie et en pleine liberté de se servir de sa main et de la mettre en toute posture comme si jamais elle n'y avait eu de mal, ainsi qu'il se voit par les informations qui en ont été faites le trois mai 1659 et autres jours suivants

Une fille de Saint-Quentin guérie de perclusion.

Jeanne *Boulet*, âgée de 15 ans, fille de Mathurin *Boulet* et de Françoise *Godard*, demeurant à Saint-Quentin, en la paroisse de Saint-Thomas, était comme percluse de ses membres depuis deux ans. Elle ne pouvait marcher qu'avec l'aide de deux potences et encore avec si grande peine, que sa mère était le plus souvent contrainte de la porter sur son dos. Françoise Godard ayant fait traiter sa fille et ne pouvant subvenir aux frais, eut recours aux Dames de la Charité. Celles-ci, informées de la nature du mal et sachant qu'il serait difficile à guérir, conseillèrent à la mère de faire porter sa fille à l'Hôtel-Dieu de Saint-Quentin. Elle ne put s'y résoudre ; mais, ayant appris que l'on avait trouvé une Image de la Sainte-Vierge à Fieulaine, et qu'il s'y faisait des miracles, elle prit la résolution d'y porter sa fille dans l'espérance que Dieu lui rendrait la santé. Elle partit le 2 mai 1659, fête de Saint-Quentin, et retourna à la ville le samedi suivant, rapportant sa petite fille sur son dos, comme elle l'avait portée. Le lundi, elle y retourna seule, et de ces deux voyages, la malade ne reçut aucun soulagement. Elle pria sa mère de vouloir bien l'y reporter et de lui permettre d'y faire une neuvaine, ayant confiance que Dieu lui rendrait la santé, par l'intercession de la Sainte-Vierge. Sa mère le lui accorda et la porta sur ses épaules pour la seconde fois, jusqu'à l'abbaye d'Homblières ; là, ayant trouvé l'occasion d'une charrette, elle y déposa sa fille et la fit conduire à Fieulaine. Après avoir fait ses prières devant l'Image de Notre-Dame-de-Paix, Jeanne fut portée par sa mère et sa sœur dans l'église paroissiale, car il n'y avait point encore pour lors de chapelle de la Vierge.

Jeanne Boulet, après s'être confessée, entendait la
messe, elle sentit pendant l'Evangile quelque altération
en son corps et comme une douleur dans ses membres. La messe finie, la mère et la sœur veulent
prendre la malade sous les bras, pour la porter hors de
l'église: elle leur dit : *laissez-moi marcher, la Sainte-
Vierge m'a guérie.* Et, à l'instant, elle marcha sans
aide et sans potence droit au lieu où était l'Image, et
là rendit grâces à Dieu de la santé qu'elle avait reçue.
Grande fut l'admiration de tous les pèlerins qui, pour
lors, étaient en grand nombre à Fieulaine. Jeanne
Boulet acheva sa neuvaine et s'en retourna à Saint-
Quentin, marchant fort librement; elle y est encore à
présent en bonne santé. De tout ceci a été fait information le 20 mai 1659, par l'avis des médecins qui ont jugé
cette guérison miraculeuse.

Guérison miraculeuse d'un Cavalier demeuré impuissant des jambes des suites d'une blessure.

Cassian *Guay*, dit Des-Noyers, cavalier au régiment
de son Altesse Royale de la compagnie de M. de Poisieu,
avait été blessé le 5 août 1659 d'un coup d'épée qui, pre-
nant dans les hypocondres gauches, pénétrait dans la
capacité du bas-ventre. Le sieur Du Verger, chirurgien-major de ce régiment, le pansa l'espace de six
semaines avec tout le soin et le talent que l'on pouvait
attendre d'un chirurgien expert et fidèle, et en effet on
le croyait guéri; mais peu après, il se sentit travaillé
de très-violentes douleurs aux reins, du côté de sa bles-
sure. Il ne pouvait ni marcher, ni se soutenir autrement
qu'avec des potences, ni en aucune façon monter à
cheval, et demeura dans cet état d'infirmité jusqu'au 5
octobre suivant. Pendant tout ce temps les chirurgiens
du régiment employèrent tous les remèdes possibles
pour le soulager, mais sans effet. Guay, désespérant
d'être soulagé par les opérations de la chirurgie, se
voua à N.-D. de Paix avec confiance qu'il serait guéri
de la main de Dieu, par l'intercession de la Ste-Vierge.
Il se fit donc porter à Fieulaine où il fit ses dévotions
pendant une neuvaine. Elle n'était pas terminée, qu'il
se sentit entièrement guéri, avec pleine liberté de marcher sans aucun appui, et même de monter à cheval.

Ce qui est vérifié par les informations qui ont été faites les 10 et 25 novembre 1659. Entr'autres dépositions, celle de Du Verger, chirurgien-major du régiment, porte que cette guérison ne peut être attribuée qu'à une puissance divine.

Incommodité notable guérie par l'intercession de N.-D. de Paix.

Marie *Caron*, âgée de 10 à 11 ans, fille de Nicolas *Caron*, laboureur, demeurant à Bétencourt-Saint-Ouin, doyenné de Vignacourt, diocèse d'Amiens, affligée d'un rhumatisme, était tellement incommodée qu'elle a été près d'un an sans pouvoir presque marcher; lorsqu'elle était droite, elle ne se pouvait courber, et lorsqu'elle était courbée, elle ne pouvait se redresser qu'avec de grandes difficultés et douleurs. Son père, après avoir employé vainement les remèdes humains eut recours aux divins, et excité par la réputation des miracles qui se faisaient à N.-D. de Paix, dont il avait entendu parler, il y vint en pèlerinage la veille de la Pentecôte en l'année 1661, et fit dire une messe dans la chapelle de N.-D.-de-Paix, afin qu'il plût à Dieu de rendre la santé à sa fille par son intercession. A son retour, qu fût le lendemain de la Pentecôte, il trouva sa fille en pleine santé, marchant librement sans aucune incommodité, se promenant avec les autres filles du village. Il demande à quelle heure sa fille avait commencé à se bien porter; il apprend que c'était au temps où il faisait dire la messe à la chapelle de N.-D. de Paix. Il est venu depuis à Fieulaine avec sa fille, remercier Dieu et la Sainte-Vierge. L'information a été faite le premier juin de l'année 1661.

Une fille ayant presque perdu la vue, depuis seize ans, l'a recouvrée devant l'Image de N.-D.-de-Paix.

Louise *Marié*, fille des défunts Louis *Marié* et Nicole *Lefèvre*, âgée de 27 ans, de la paroisse de Remy, doyenné de Coudun, diocèse de Beauvais, était incommodée de la vue depuis seize ans. Elle l'avait si basse et si débile que d'après les dépositions des témoins, quand elle entrait dans une maison elle ne pouvait trouver la porte ni discerner les personnes ou les objets les plus proches; quand elle allait aux champs, on

la voyait marcher en plein jour à travers les ronces et
les épines, sans pouvoir reconnaître le chemin. Elle
avait la vue si basse, qu'elle ne pouvait l'avoir plus
faible à moins que d'être entièrement aveugle. Cette
fille voyant que les oculistes qui l'avaient traitée ne lui
avaient apporté aucun soulagement, se fit conduire à
N.-D.-de-Paix. Le 12 juin 1659, elle y fit une première
neuvaine sans aucune guérison ni diminution de son
mal. Elle en recommença une seconde, et le cinquième
jour de cette seconde neuvaine, comme elle entendait
la Sainte Messe et priait Dieu de lui rendre l'usage de
la vue, au moment de l'élévation du Saint-Sacrement,
elle aperçut la sainte Hostie ; c'était la première fois
qu'elle pouvait la discerner depuis seize ans. Elle continue depuis à voir fort distinctement tout ce qui se pré-
sente à ses yeux. Ce qui est confirmé par deux informations faites, la première le 7 septembre 1659, à
Fieulaine, lorsqu'elle reçut guérison, et l'autre, à Remy,
le 17 novembre 1661.

Un soldat devenu aveugle guéri miraculeusement.

Jacques *Colleson*, dit la Lontaine caporal de la compagnie d'infanterie de Monsieur des Rivières capitaine
au régiment de Roncherolles de la garnison de Landrecy,
étant premièrement borgne, devint aveugle, et demeura un an en cet état. Se voyant alors inutile dans la
garnison, il pria Monsieur de Roncherolles gouverneur
de Landrecy, de lui donner quelque recommandation
pour être reçu en l'hôpital des Quinze-Vingt de Paris.
Le sieur de Roncherolles lui donna un certificat. Colleson, conduit par un de ses fils, prit son chemin par
Laon et Soissons, et passant dans la forêt de Villers-
Cotterets, fut rencontré par une femme, qui lui deman-
da où il allait. — Je vais à Paris, lui dit-il, pour me
faire recevoir aux Quinze-Vingts. — Vous êtes donc
aveugle, mon ami, lui répliqua cette femme. N'avez-
vous pas entendu parler de cette Notre-Dame qui a été
trouvée entre Guise et St-Quentin? — Il lui répondit
que non. — Allez-y, dit-elle, en lui donnant une pièce
d'argent, et vous y trouverez soulagement. Colleson
ayant demandé à celui qui le menait quelle était la personne qui lui parlait, il lui dit que c'était une demoiselle. (L'aveugle a cru que c'était la Sainte Vierge.)

Sur cet avis, il rebroussa chemin et vint à Fieulaine
le Mercredi, 30 Avril, de l'année 1659. Il fit ses prières
quelque temps devant l'Image, afin qu'il plût à Dieu
de lui rendre l'usage de la vue, et se retira ensuite
chez un hôtelier, pour se reposer ; là, s'étant assis près
du feu, il aperçut premièrement le feu, puis il vit la
dame du logis, qui portait une table et l'essuyait avec
du linge. Reconnaissant alors qu'il avait entièrement
recouvré la vue, il s'en alla à l'instant devant l'Image
rendre grâces à Dieu et à sa Sainte Mère, de la guérison qu'il avait reçue, se confessa et communia, et fit sa
neuvaine. Depuis, il a continué de voir, et est venu
plusieurs fois au même lieu faire ses dévotions. Ce qui
est vérifié par les informations, qui ont été faites les 2
et 33 mai, et autres jours suivants de l'année 1659. Dans
ces informations, plusieurs officiers de la garnison, et
autres personnes de considération ont donné leurs
dépositions.

Guérison du mal caduc.

Barbe *Lefer*, âgée de 30 ans, fille orpheline demeurant à Pauilly, à quatre lieues de Rouen, chez Jean
Lefer, son oncle et tuteur, retournait du moulin, mon-
tée sur une jument et passait vers le soir par un bois
nommé Sainte-Audeberte. Elle fut attaquée par un
loup dont les cris et hurlements donnèrent une telle
épouvante à la jument, qu'elle se cabra et jeta à terre ladite Lefer. Un passant la secourut, mais elle fut tellement saisie de frayeur, qu'elle en tomba malade d'une
espèce de mal caduc ; elle pouvait pour lors être âgée
de 24 ans. Depuis ce temps elle tombait d'ordinaire
cinq ou six fois le jour, avec des cris et contorsions de
membres, qui redoublaient lorsque la lune était forte.
Son oncle la fit voir à plusieurs médecins de la ville de
Rouen, qui lui ordonnèrent force remèdes, mais sans
effet ; quelques opérateurs entreprirent de la guérir, et
lui donnèrent des médicaments si violents, qu'elle en
pensa mourir et reçut même les derniers sacrements.
Enfin, elle fut menée à un célèbre opérateur, près du
Hâvre-de-Grâce. Après l'avoir traitée six semaines sans
aucun succès, il dit à l'oncle de la pauvre malade, que
le mal était incurable, que c'était argent perdu, et
qu'il pouvait emmener sa nièce. L'oncle et ladite Lefer

voyant que les remèdes humains ne servaient de rien, eurent recours à Dieu et aux prières de la Sainte-Vierge. Ils vinrent à Fieulaine, et firent une neuvaine devant l'Image de N.-D. de Paix; mais n'obtenant pas la guérison qu'elle souhaitait, ils s'en retournèrent à Pauilly. Lefèr néanmoins ne perdait pas courage, et persévérait en la confiance qu'elle avait en Dieu et en la protection de la Ste-Vierge. Elle supplie son oncle de retourner à N.-D. de Paix. Ils partent tous deux, et font une seconde neuvaine mais sans recevoir aucun soulagement. Enfin, elle en entreprit une troisième à la Saint-Jean de l'année 1659 : elle tombait dans son mal six et sept fois par jour; mais à peine cette troisième neuvaine commencée, elle n'a plus reçu aucune atteinte, et depuis deux ans elle est guérie. Elle s'occupe à présent, en reconnaissance de la grâce reçue, à rendre service à la Sainte-Vierge, en balayant et nettoyant sa chapelle à Fieulaine. Ce qui est vérifié par les informations qui ont été faites les 3 et 4 juillet 1661.

Guérison miraculeuse d'une femme affligée de défaillances depuis six ans.

Suzanne *Jonar*, âgée de 70 ans, femme de Nicolas *Garin*, marchand de chanvre demeurant rue des Cordeliers, paroisse de Saint-Remy en la ville de Laon, était affligée dès l'année 1653 de certaines défaillances. Elles lui arrivaient jusqu'à cinq et six fois par jour, et la faisaient tomber par terre comme morte l'espace d'une demi-heure, et souvent d'une heure, sans mouvement et sans sentiment; elle entendait la voix de ceux qui parlaient autour d'elle, mais sans pouvoir toutefois discerner, ni concevoir ce qu'ils disaient. La réputation des miracles qui se faisaient à N.-D. de Paix s'étant répandue dans la ville de Laon, elle fit vœu à Dieu, au commencement du mois de juillet de l'année 1659, d'aller faire ses dévotions à N.-D. de Fieulaine, s'il lui plaisait de la délivrer d'une si fâcheuse maladie. Depuis qu'elle a fait ce vœu, elle n'a ressenti aucune atteinte de son mal, et en est demeurée parfaitement guérie, bien que le jour précédant le vœu, elle en eût été extrêmement travaillée. En reconnaissance de cette faveur, elle est venue à N.-D. de Paix acquitter son vœu ten

juillet 1661, elle y est venue de rechef, rendre grâces à
Dieu et à sa Sainte-Mère. L'information a été faite le
3 juillet 1661.

Un Boiteux guéri miraculeusement.

Jean *Bertheville*, âgé de 10 ans, fils de Jean *Bertheville* et de Marie *Levasseur*, sa femme, demeurant au
village de Lequielles, près Tupigny, était impotent d'une
jambe et fort boiteux par maladie. Son père et sa mère,
n'ayant pu le faire guérir par les remèdes ordinaires,
conçurent l'idée de le conduire à Fieulaine, sur le bruit
qui courait que l'on y avait trouvé une Image, devant
laquelle s'étaient déjà opéré plusieurs miracles. Après
avoir fait leurs dévotions pour obtenir la guérison de
leur fils, ils prièrent le curé de Fieulaine de permettre
que leur enfant baisât l'Image; le curé l'ayant pris, lui
fit baiser les pieds de l'Image; dès l'instant, l'enfant
commença à marcher droit. ainsi qu'il est vérifié par les
informations du 8 mai 1659, et depuis, il n'a ressenti
aucun mal.

Guérison miraculeuse d'une espèce de perclusion.

Jean *Champion*, sieur des Chasteniers, natif de la
ville du Mans, paroisse de Notre-Dame, au faubourg
du Pré, cavalier du régiment de Rouvroy, en garnison
à Landrecy, était tombé malade d'une fièvre continue
fort violente, qui lui dura l'espace de douze jours; il
commençait à se mieux porter en apparence et revenait
en convalescence, mais 15 jours après que la fièvre l'eut
quitté, il fut attaqué d'une espèce d'étourdissement si
grand, qu'il ne pouvait marcher sans tomber, à moins
qu'il ne fût aidé de personnes fortes ou de deux potences; il ne pouvait non plus demeurer debout ou assis
que fort peu de temps. Les médecins et chirurgiens
après avoir essayé beaucoup de remèdes pendant trois
mois qu'il demeura en cet état, ne voyant aucun succès
ni amendement en son mal, l'abandonnèrent, jugeant
sa maladie incurable. Le malade eut alors recours à la
bonté de Dieu et à la protection de sa Sainte-Mère,
d'autant plus volontiers que la nuit, pendant son som-
meil, il lui sembla que la Sainte-Vierge le prenait par
le bras. Il fit part de sa vision à un de ses camarades,

nommé Desfriches, qui lui conseilla de se faire porter
à N.-D.-de-Paix. Il y vint au mois de décembre 1661,
se confessa, communia et commença une neuvaine qu'il continua pendant quatre jours; il la fit
achever par un bon vieillard. Dès lors, il commença
à se mieux porter et fut entièrement et parfaitement
guéri dans la quinzaine suivante. Le 30 janvier de
l'année 1662, il est de nouveau venu à N.-D.-de-Paix,
rendre ses actions de grâces à Dieu et à la Très-Sainte
Vierge pour sa guérison. Le procès-verbal en a été
dressé en date du 30 janvier de l'année 1662.

Telles sont les guérisons miraculeuses par lesquelles
N.-D.-de-Paix fit éclater, dès les 1res années du pèlerinage, sa puissance et sa bonté

Au moment où fut imprimée l'*Histoire de N.-D.-de-Paix*
(1662), Ch. Bourdin attendait « à toute heure les noms de
plusieurs autres personnes miraculeusement guéries, les
mémoires, preuves et informations des circonstances. »

Ces renseignements arrivés trop tard pour figurer dans
son Histoire, et les procès-verbaux des miracles postérieurs
étaient, sans doute, conservés dans les archives de la Chapelle; ils ont disparu, et les démarches faites pour les re-
trouver à Fieulaine, et aux sécrétariats des Évêchés de
Soissons et de Beauvais sont restées jusqu'à présent sans
résultat.

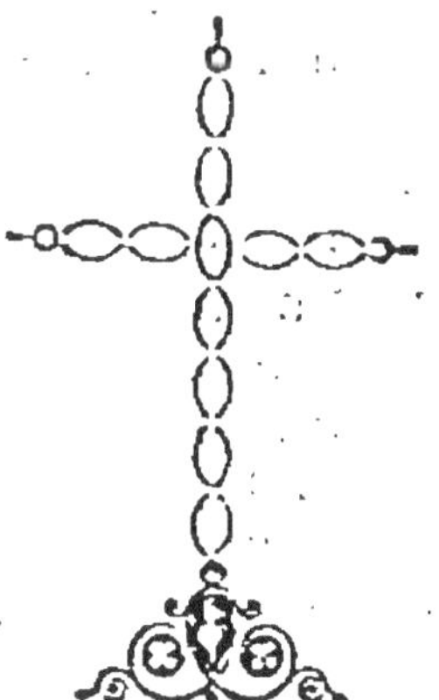

DONS FAITS A NOTRE-DAME-DE-PAIX.

L'Eglise de Fieulaine, s'enrichit chaque année des dons que la générosité reconnaissante des fidèles, offre à N.-D.-de-Paix.

Les habitants de Fieulaine, pour aider à la reconstruction d'une Eglise, plus en rapport avec la célébrité du Pèlerinage, avaient spontanément souscrit la somme de 4689 fr. Quelques jours plus tard, on parle d'élever un clocher dont la flèche élancée, guidera vers le sanctuaire de N.-D.-de-Paix, les pas incertains du voyageur ; les bourses s'ouvrent de nouveau et la flèche est payée.

L'élan était donné, et depuis cette époque des dons d'une valeur considérable, sont venus s'ajouter aux croix et médailles qui brillaient dans l'ancien trésor, et commencer l'ornementation de la nouvelle Eglise.

1862. — Une magnifique Châsse (style ogival, 13e siècle) en bronze doré, garnie de glaces offertes par la manufacture de Saint Gobain et Chauny, a été donnée à N.-D.-de-Paix par Madame Richard, née Ambroisine Moisson, de Fieulaine.

Un riche Ostensoir en argent et doré par parties, (style ogival, 13e siècle) a été offert à N.-D.-de-Paix par tous les membres de la famille Carlier de Fieulaine.

Une Couronne en vermeil avec brillants, offerte à N.-D. de Paix, par M. et Mme Dieu, fille de M. Carlier, maire de la commune de Fieulaine.

Un Ciboire en vermeil et richement garni d'émaux ;

(style ogival, 13e siècle), offert à N.-D. de Paix par M.
le comte Louis de Cambacérès, député au Corps légis-
latif pour l'arrondissement de St-Quentin, en souvenir
de son épouse défunte Bathilde Bonaparte, princesse
de Canino.

Un Encensoir (style ogival), offert à Notre-Dame-de-
Paix, par M. et Madame Dablin, architecte de l'église.

Canons d'autel très-riches, offerts par M. Dubois ,
maire de Seboncourt.

Burettes en cristal garnies en ruolz avec plateau en
ruolz, offertes par M. et Madame Daniel , négociants
à Paris.

Calice argent (style ogival, 13e siècle), du poids de
580 grammes, orné de 298 pierres serties, offertes par
M. le Curé, acheté avec le produit d'une quête faite
après une heureuse mission.

Chappe riche en drap d'or, offerte à Notre-Dame-de-
Paix, par un jeune homme de Chauny, pour demander
une faveur à la Sainte-Vierge.

Deux grands Vases de fleurs sont donnés par Madame
Carlier, de Fieulaine.

Deux Tableaux, cadres noirs, ont été offerts à N.-D.-
de-Paix, par M. Deparis-Caudron, de Fieulaine.

Deux Bourses à quêter, en velours rouge, données
par Madame Paillard-Moisson, de Courcelles.

Deux Vases portant des fleurs en relief, offerts par
Parent Mélanie et Damay Joséphine, de Fieulaine.

Les Dames de la Croix, à Saint-Quentin , offrent à
N.-D.- de-Paix, un habillement complet: Robe en drap
d'argent, manteau en velours bleu, voile ornementé,
robe en drap d'or pour l'Enfant-Jésus.

Les enfants de l'asile de Fieulaine donnent à l'église
un Enfant-Jésus, protégé par un globe.

Un Vitrail a été donné également à l'église, en l'honneur de N.-D.-de-Paix, par Mademoiselle Baratte, sœur
de l'ancien curé de Fieulaine, et par M. l'abbé Constance, doyen actuel de Vermand, et neveu de son prédécesseur, à Fieulaine, et cela en souvenir de Fidèle-
Amand Baratte et de Victor Constance, anciens curés
de Fieulaine, inhumés près de cette verrière.

Une Horloge, pour l'intérieur de l'église, avec son-
nerie et bourdon, offerte par trois personnes qui n'ont
pas voulu se faire connaître.

1865, 1er Novembre. — Mme Duplaquet, domiciliée à Saint-Quentin, donne à l'église de N.-D. de Paix de Fieulaine, un magnifique tapis en laine, larges roses sur fond brun.

1865, 24 Novembre. — Madame Blandin Desjardin, de Fieulaine, offre à N.-D. de Paix, trois paires de bouquets, fleurs artificielles, 1° roses en plumes; 2° Acacias: 3° fleurs diverses, feuilles dorées.

1865, 6 décembre. — Un tableau, papier sur toile, représentant Saint-Antoine de Padoue, est offert à N.-D. de Paix par Eustache Constant et Venant Louise, tisseurs à Fieulaine.

1865, 16 décembre. — Madame Carlier, d'Hombliéres, femme de M. Carlier, maire de Fieulaine, donne à l'église de N.-D. de Paix, une paire de riches candélabres dorés à quatre lumières, supportées par des anges.

Une nappe d'autel est donnée à l'église.

1866. — La famille Duployé, de Notre-Dame-de-Liesse, envoie à N.-D. de Paix, par l'entremise de MM. A. Duployé, curé de Fieulaine et E. Duployé, curé de Montigny, un cœur ouvrant, orné de perles.

1866. — Les sœurs de l'Immaculée-Conception de Nogent-le-Rotrou, dirigeant les écoles de filles de Bohain, apportent à N.-D. de Paix, le lundi de la Pentecôte, deux bourses à quêter, l'une en soie rouge, l'autre en velours blanc.

1866. — La famille Boulogne, de Montigny, décore N.-D. de Paix de la croix d'honneur portée par François Boulogne.

1866. — La famille Pagnier, de Fieulaine, donne à N.-D. de Paix la Croix de la Légion-d'honneur et la médaille de Sainte-Hélène, portées par Pagnier Jacques.

1866. — 15 Août. — Mme Henriette Moisson, de Fieulaine, offre à l'Eglise une verrière représentant la découverte de la Statue de N.-D. de Paix.

Les demoiselles Debail, de Fontaine-Notre-Dame, offrent à N.-D. de Paix une corbeille de fleurs artificielles.

1866, 23 Août. — Choquenet Maria, de Fieulaine, offre à N.-D. de Paix deux vases de porcelaine blanche, fleurs en relief, surmontés d'une paire de bouquets blancs artificiels travaillés de sa main.

1866. — L'œuvre des tabernacles, pour une faible

offrande faite par quelques personnes de la paroisse, envoie depuis plusieurs années à N.-D. de Paix, de riches ornements d'église.

1866, 2 septembre. — M. Carlier, maire de Fieulaine, et Mme Carlier, offrent à l'église de N.-D. de Paix, un riche fauteuil garni de velours rouge plus un tapis en laine, dessin noir sur fond rouge.

1867 — M. Moisson, de Saint-Quentin, domicilié à Paris, donne à l'église de Fieulaine un tableau sur toile représentant la Vierge et l'Enfant-Jésus.

1867. — Mlles Julia et Julienne Malin, de Thierret, offrent à N.-D. de Paix plusieurs branches de fleurs artificielles, travaillées de leurs mains.

1867. — Quelques élèves des séminaires de Soissons et de Cambrai, G. Duployé, A. Fresson, C. Legrand, E. Gallier, C. Poissonnier, offrent à N.-D. de Paix un cœur renfermant les noms des donateurs.

1867. Les sœurs de l'Immaculée-Conception de Nogent-le-Rotrou, dirigeant les écoles de filles à Lisieux, envoient à l'église de Fieulaine un thabor brodé or.

1867. Un calorifère est acheté pour l'Eglise de Fieulaine avec les offrandes réunies de quelques personnes.

1867. — Une personne de Villers-Autréau, (Nord) donne à N.-D. de Paix un tour d'autel brodé à l'aiguille.

1867. — Les Sœurs de l'Immaculée-Conception de Nogent-le-Rotrou, à Fieulaine, tapissent pour l'église de N.-D. de Paix, une étole pastorale, fond blanc orné de Lys.

1867. — Mlle Florentine Baratte, de Vendhuile, donne un réflecteur à glaces.

D'autres noms, nous en avons la confiance, viendront s'ajouter à cette liste glorieuse et mériteront eux aussi, quelque jour, d'être proposés à l'admiration des générations futures.

CONFRÉRIE DE NOTRE-DAME-DE-PAIX.

PRIÈRES ET CANTIQUES.

Dès le début du pèlerinage, pour satisfaire à la piété des fidèles, une Confrérie fut fondée en l'honneur de N.-D. de Paix, dans l'église de Fieulaine. Elle fut rétablie en 1805 par Mgr Leblanc de Beaulieu qui lui donna des statuts ; ces règlements ont été modifiés ainsi qu'il suit, par une ordonnance de Mgr. J.-J. Dours, évêque de Soissons en date du 27 Août 1866.

Article Premier. — M. le Desservant sera présidentné de ladite confrérie il en nommera seul, ou renommera pour l'espace de trois ans le Trésorier.

Article 2. — Ce Trésorier lui rendra chaque année le compte de ses recettes et dépenses, il recevra tous les dons et oblations reversiblés à la confrérie, et se conformera dans l'acquit des charges, pour celles qui en sont susceptibles, au tarif de notre diocèse.

Article 3. — Toute personne faisant profession de la Religion catholique apostolique et romaine, est admissible dans ladite confrérie.

Article 4. — Il sera donné par chaque membre, lors de son admission, une somme qui ne pourra être moindre que celle de six sols, et tous les ans à titre d'annuité la moitié de cette somme, mais cette annuité sera volontaire et non de rigueur.

Article 5. — Le Dimanche de *Quasimodo* et le Lundi de la Pentecôte, il sera fait un salut solennel du Très-Saint Sacrement, lequel sera toujours précédé d'un discours analogue.

Article 6. — Le premier samedi de chaque mois il sera dit aux frais de la Confrérie et à l'intention de tous les confrères, une messe basse annoncée au prône, en l'honneur de la Très-Sainte-Vierge.

Article 7. — Tous les ans, au jour indiqué par M. le curé de Fieulaine, il sera dit une messe de requiem, pour tous les confrères décédés. L'excédant des recettes, s'il y en a, devra être employé à faire acquitter des messes les divers samedis de l'année, comme il est dit en l'article 6.

Article 8.— Les seconds ou troisièmes dimanches de chaque mois, lorsqu'il ne se rencontrera point de fêtes annuelles, il sera fait intérieurement ou extérieurement une procession pendant laquelle on chantera les Litanies de la Sainte Vierge, avec l'Antienne du temps que l'Eglise chante en son honneur.

Article 9. — Tous les membres inscrits au tableau de la Confrérie, auront part aux messes et prières qui seront dites aux frais et à l'intention de ladite Confrérie, dans ladite église de Fieulaine.

Article 10. — Les confrères et consœurs sans être astreints à aucune pratique particulière, se rappelleront que la manière la meilleure d'honorer la Sainte Vierge, c'est d'imiter ses vertus par la pureté de leurs mœurs, la régularité de leur conduite, la fréquentation plus assidue des offices et des Sacrements.

Les Pèlerins s'empressent de donner leur nom à cette Confrérie. Obligés de quitter le sanctuaire béni de N.-D.-de-Paix, ils s'assurent ainsi, après leur départ, des prières à son autel.

On se fait inscrire à la Sacristie, ou au Presbytère qui est situé vis-à-vis le portail de l'Eglise.

M. . . . . .de. . . . . . . ,
a été reçu membre de la Confrérie de N.-D.-de-Paix,
sous le n°. . . . . du cahier.

FIEULAINE, le . . . . 186 .

Mʳ le Curé, président,

ORAISON A NOTRE-DAME-DE-PAIX.

Je vous salue, très-auguste Reine de Paix, très-sainte Mère de Dieu, et vous prie par le cœur sacré de Jésus-Christ, votre Fils, Prince de la Paix, qu'il apaise sa colère et qu'il règne sur nous en la paix.

Souvenez-vous, très-miséricordieuse Vierge, qu'il ne fut jamais dit ni ouï que personne ait été délaissé qui, en son affliction, a eu recours à votre aide. En cette confiance, je m'adresse à vous, ô sainte Mère, recevez mes prières et exaucez mes vœux. — Ainsi soit-il.

« Nous, Henri de Baradat, évêque et comte de Noyon, pair de France, vu par nous l'Oraison ci-dessus, écrite en l'honneur de la Sainte Vierge, nous l'avons approuvée et concédé vingt jours d'indulgence à toutes personnes qui la réciteront dévotement pour la continuation de la paix, et autres vingt jours d'indulgence à ceux et celles qui feront dévotes prières devant l'Image de N.-D.-de-Paix, à Fieulaine. »

Prière à Notre-Dame-de-Paix.

Sainte Vierge, Auguste Reine de la Paix, obtenez-moi de votre Fils la paix qu'il a laissée en héritage à ses disciples. Le monde ne la connaît pas, il ne saurait la donner. Elle n'habite que dans les cœurs purs et sanctifiés par la grâce. Que je la conserve cette paix du Ciel, avec mes supérieurs par ma soumission et mon respect; avec mes égaux, par la douceur; avec mes inférieurs, par la patience et la bonté; avec Dieu et avec moi-même, par la pratique de toutes les vertus; répandez-la aussi, sur ma famille, sur mes amis, sur tous les hommes. Obtenez-moi de vivre ici-bas dans la paix de l'innocence, afin de mériter un jour la paix éternelle du Ciel.

Andantino. Dolce.
No - tre - Da - me de Paix, en
toi cha - cun es - pè - re Veil - le sur tes en -
- fants, ô veil - le cha - que jour !
Notre-Dame de Paix, ver-se sur cette ter-re
Fin.
Ta grâ - ce pro-tec-tri - ce et ton divin a - mour.
Più vivo.
Tu le vou - lais, ô Vier - ge trois fois
sain - te. Sous le til - leul aux
an - ti-ques ra - meaux. Fen - dant deux
siè - cles la di - vine en - cein - te

2.

On te revit, après la grande guerre,
Quand l'Espagnol éteignit son courroux;
A l'heure où Dieu, dans un divin mystère,
Vint dire aux siens: la paix soit avec vous.
Notre-Dame-de-Paix, etc.

3.

Depuis ce jour, par combien de miracles,
Tu prodiguas, ô Vierge du Seigneur!
Du haut des Cieux et des saints Tabernacles,
A tes enfants, les trésors de ton cœur.
Notre-Dame-de-Paix, etc.

4.

Tantôt montrant ta couronne de flamme
Au pèlerin qui venait t'implorer,
Et guérissant les souffrances de l'âme,
Et consolant qui tu voyais pleurer.
Notre-Dame-de-Paix, etc.

5.

Sur l'Océan quand revient la tempête,
Quand le marin à la merci des flots,
Entend les cris de la lugubre fête,
Vierge, soutiens les pauvres matelots.
Notre-Dame-de-Paix, etc.

6.

Sois leur étoile et leur douce lumière,
Et leur refuge après le grand labeur;
Et que vers toi remonte leur prière,
Ce doux parfum qui s'échappe du cœur.
Notre-Dame-de-Paix, etc.

7.

Donne la paix, ce trésor ineffable,
Que la vertu, la foi font naître en nous;
Donne-la nous, ô bonté secourable,
Nous te prierons chaque jour à genoux.
Notre-Dame-de-Paix, etc.

Paroles et Musique de Mlle Jenny MARIA.

COMPLAINTE DE NOTRE-DAME-DE-PAIX.

1.

Parti dès le matin
Pour gagner Fieulaine,
Bon Pèlerin,
Oubliez votre peine.

2.

De la Reine de Paix,
Je vais dire l'histoire,
Et ses bienfaits
Vous remettre en mémoire.

3.

Pour leurs délassements,
Un dimanche, tranquilles,
Des jeunes gens
Jouaient au jeu de quilles.

4.

Planté par leur aieul
Ou quelqu'un de leur race,
Un vieux tilleul
Embarrassait la place.

5.

Sans plus délibérer,
Ils s'arment d'une bêche
Pour l'arracher,
Et commencent la brèche.

6.

Sous le tronc desséché,
Ils trouvent, ô mystère!
Dessus trois grès,
La Vierge tutélaire;

7.

Et deux têtes de rois,
Présentant l'apparence,
Tout à la fois,
De l'Espagne et de France.

8.

Bientôt le bruit en court;
Avec grande allégresse
Chacun accourt,
A l'envi l'on se presse.

9.

Le prêtre redisait
Le matin à l'office:
Voici la Paix.
Quel augure propice!

10.

Espagnols et Français
Fatigués sous les armes,
Par une paix,
Veulent tarir les larmes.

11.

Les peuples satisfaits,
Nomment la sainte Image :
  Dame de Paix,
Et lui rendent hommage.

12.

Dans un orme, le soir,
On prépare à l'Image
  Un reposoir,
Au plus près du passage.

13.

Le regard étonné
Vit près de la Madone,
  Une clarté
Qui l'entoure et rayonne.

14.

Sa puissante bonté,
Au malade qui prie,
  Rend la santé
Et prolonge la vie.

15.

Chantons donc de grand cœur
Et pleins de confiance,
  Chantons en chœur,
Ce chant de circonstance :

REFRAIN

N.-D. de Paix, au secours, au secours,
au secours,
Sur tes enfants veille toujours

16.

La vie est un combat ;
Tout homme sur la terre
  Est un soldat,
Enrôlé pour la guerre.

17.

Cet enfant au berceau,
Déjà dans les alarmes,
  Jusqu'au tombeau
Devra porter les armes.

18.

Du monde séducteur
Les plaisirs et les fêtes,
  Avec douceur
Préparent nos défaites.

19.

Quels nombreux bataillons !
Pour conquérir nos âmes,
  Tous les démons,
S'échappent de leurs flammes

20.

Notre cœur est aussi
Trahison indicible,
  Notre ennemi,
Quelle lutte terrible !

21.

Au milieu des combats,
Qui troublent nôtre vie,
  Jusqu'au trépas,
Protège-nous, Marie !

22.

Par les coups de la mort,
Frappés dans la mêlée,
  De notre sort,
Oui tu seras touchée.

23.

Pour comble à tes bienfaits,
Au brave qui succombe,
  Donne la paix
Au-delà de la tombe.

ADMINISTRATION RELIGIEUSE DE FIEULAINE.

Fieulaine faisait autrefois partie du diocèse de Noyon. Le curé d'un village voisin, Fontaine-Notre-Dame, venait chaque dimanche donner la messe aux quelques habitants de ce hameau, annexe de sa paroisse. Mais quand les pèlerins, attirés par les bienfaits de Notre-Dame-de-Paix, arrivèrent nombreux à Fieulaine, comment un seul prêtre, éloigné du pays aurait-il pu suffire à l'empressement de ces pieux voyageurs. Monseigneur comprit l'impossibilité où était le curé de Fontaine-Notre-Dame de répondre à tant de besoins, et sans le priver de sa juridiction sur les habitants de Fieulaine, il établit dans la chapelle de Notre-Dame-de-Paix, en faveur des pèlerins, quelques ecclésiastiques pour entendre les confessions, célébrer les messes et recevoir les oblations (1660). Les archives nous ont conservé les noms de deux trésoriers de la chapelle : Mᵉ Bertrand en 1669 et Mᵉ Gravet en 1683.

Cette double administration religieuse, exercée sur une même paroisse, donna sans doute occasion à quelques difficultés. Monseigneur, pour obvier à ces inconvénients, réunit en une seule main la juridiction jusqu'alors partagée, et nomma à Fieulaine en 1698 un vicaire perpétuel. Ce fut Mᵉ Nicolas-François Delage du diocèse de Noyon.

Voici la liste des prêtres qui, après lui, ont consacré une partie plus ou moins longue de leur vie, au service de Notre-Dame-de-Paix :

1699, Leblancq, Dehery.— 1701, Adraud.— 1703, Rose. — 1705, Poulle, décédé à Fieulaine, le 27 juillet 1721 et inhumé dans le cimetière de la paroisse. — 1722, Michault F., religieux Cordelier, décédé à Fieulaine le 15 mai 1725 et inhumé dans l'église. — 1725, Roque. — 1726, Dosselin A. — 1727, Dubois, J. B. — 1728, Malafait.— 1729, Vielle — 1730, Crémery. — 1737, Foucart François. — 1740, Debray. — 1743, Guérin. — 1744, Richard, F. — 1747, Doyen,

Paul. — 1748, Carpentier. — 1750, Plonquet, Claude. — 1751, Denelle, L. — 1754, Douey — 1756, Duhamel. — 1758, Fromond. — 1759, Fissier, décédé à Fieulaine le 12 décembre 1761, âgé de 32 ans et inhumé dans l'église. — 1761, Vatin, Thomas — 1763, Bardeaux. — 1764, Guillot. — 1769, Massoulle. — 1773, Caussin. — 1775, Graux, A. F. — 1778, Magnier. — 1785, Haye. — 1787, 1791, Boinet. — 1819, 1859, Baratte, Fidèle; il mourut le 18 juin 1859, à l'âge de 66 ans. Son corps repose dans l'église de Fieulaine — 1859, Constance Victor, décédé le 25 février 1860, âgé de 65 ans. Il est inhumé dans l'église de Notre-Dame-de-Paix. — 1860, Constance Narcisse, nommé doyen de Vermand — 1865, Duployé, A.

Le 10 avril 1802, Fieulaine fut incorporé au diocèse de Soissons. Les évêques de Soissons, succédant à ceux de Noyon, héritèrent de leur zèle et de leur dévouement pour Notre-Dame-de-Paix.

Mgr Leblanc, de Beaulieu, premier évêque Soissonnais de Fieulaine, a autorisé le pèlerinage qui y existait, avant la révolution, en l'honneur de Notre-Dame-de-Paix.

Mgr de Villèle, touché de l'état de la paroisse et du pèlerinage, privés pendant 28 ans de prêtre en résidence, établit en 1819 un curé à Fieulaine.

Mgr de Simony, de sainte mémoire, vint plusieurs fois se prosterner devant l'autel de Notre-Dame-de-Paix.

Mgr de Garsignies obtint pour Fieulaine en 1846, à cause de l'importance toujours croissante de son pèlerinage le titre de succursale.

Le 27 avril 1862, 203e anniversaire de la découverte de la Statue de Notre-Dame-de-Paix, Mgr Christophe, entouré d'une foule considérable de pèlerins, bénit la nouvelle église de Fieulaine, bâtie sur le même emplacement que l'ancienne, quoique d'après une orientation différente.

Mgr Dours le 4 mai 1866, au milieu de ses courses apostoliques, voulut saluer à Fieulaine Notre-Dame-de-Paix. Il bénit, le même jour, l'école que dirigent, à l'ombre du sanctuaire de la Vierge, pour l'éducation des jeunes filles, les Religieuses de l'Immaculée-Conception de Nogent-le-Rotrou (Eure-et-Loire.)

La commune doit ce magnifique établissement, à l'initiative de M. Constance N., ancien curé de Fieulaine, secondé par la générosité d'une personne, dont le nom est connu au ciel et béni dans Fieulaine.

HEURES DES OFFICES
dans l'Eglise de N.-D.-de-Paix, de Fieulaine

Le Dimanche et les jours de fête :

Messe basse à 8 heures. — Grand'Messe à 10 heures.
Vêpres à 2 1/2. On y fait la procession de la Confrérie tous les troisièmes dimanches du mois.
Vêpres de la Sainte Vierge et Salut à la fin du jour.

Pendant la semaine :

Messe basse à 7 heures, de Pâques à la Toussaint.
    Id.   à 7 h. 1/2, de la Toussaint à Pâques.
Mariages et Inhumations : 1re Classe, à 10 heures.
   —   —   2e Classe, à 9 heures 1/2.
   —   —   3e Classe, à 9 heures.

Le Dimanche de Quasimodo, jour anniversaire de la découverte de la Statue de Notre-Dame-de-Paix, la Messe est chantée à 10 heures, et la Procession solennelle, avec prédication, commence à 3 heures de l'après-midi.

Le Lundi de la Pentecôte, deuxième fête de Notre-Dame-de-Paix, la Messe du Pèlerinage est chantée à 10 heures

Les personnes qui veulent se procurer des Histoires, Médailles, Images, Tableaux, Statues de N.-D.-de-Paix, peuvent s'adresser à M. le Curé de Fieulaine, près Saint-Quentin (Aisne). Ces objets sont touchés à la Statue miraculeuse.

Envoyez, s'il vous plaît, une OFFRANDE *pour le monument à élever, sur la place de Fieulaine, en l'honneur de N.-D.-de-Paix. Elle vous obtiendra la paix pendant la vie; et, après la mort le lieu du rafraîchissement, de la lumière et de la paix.*

St-Quentin. — Typ. & Lith. Hourdequin & Thiroux.